EmmeEmmePo Edizioni

EmmeEmmePo Edizioni

Dedico il presente scritto agli Operatori Sanitari, vittime del Covid 19 nel nostro povero Paese.

Non eroi, ma operatori comuni della Salute.

Persone normali, con una professione normale, impegnativa quanto affascinante: credo, personalmente, abbiano fatto ciò che potevano e sentivano di poter fare per essere utili ai loro pazienti.

Non eroi, persone serie.

Sicuramente, fosse dipeso da loro, non avrebbero ridotto la sanità pubblica nelle condizioni in cui l'hanno trovata, priva di risorse economiche, falcidiata da sciagurate leggi finanziarie, decise da una classe politica miope, scarsamente intelligente, dilettantistica ed attenta ad altro. I nostri Operatori Sanitari si sono trovati come i soldati italiani della Campagna di Russia nel 1941: con le ciabatte ai piedi in mezzo alla neve. E sono morti.

Non eroi, ma sono morti per Covid tra il Personale Sanitario circa 200 donne e uomini in Italia (ad oggi).

Dello stesso autore
in EmmeEmmePo Edizioni

I rei folli cambiano casa: dagli O.P.G. alle R.E.M.S.
Stranieri in carcere e proselitismo, una ricerca qualitativa
Ricominciamo a parlare di droghe
Giacomo
Professione Psicologo
Quello che non ho (ma che potrei riavere)

Roberto Sbrana

maledetto

VIRUS

EmmeEmmePo Edizioni

DATO IN STAMPA NEL MESE DI GENNAIO 2021
da EmmeEmmePo Edizioni

Presso: lulu.com
Regno Unito - 3101 Hillsborough St.
Raleigh, NC 27606-5436, Stati Uniti – P.I. 975 0935 85
Francia – Chez Fiscal Solutions Sarl 23
Rue du Clos d'Orleans 94 120
Fontenay sous Bois – P.I. FR90524670213
Italia – Lulu Enterprises, Inc.
Fiscalmente rappresentata conformemente all'art.17 comma 3
DPR 633/72 da KPMG Fides Servizi di Amministrazione Spa,
Via Vittor Pisani, 27 – 20124 Milano – P. I. IT07301070962
http://www.lulu.com/spotlight/EmmeEmmePo

Indirizzo Internet per acquisti: www.lulu.com
www.amazon.it

Per contatti: robertosbrana2020@libero.it

INDICE

Prefazione

Come non dire "sì" ad un amico che ti chiede di recensire un suo scritto?

Ma un sì al buio, senza averlo letto, ti fa sentire intrappolato in una di quelle situazioni che la pragmatica della comunicazione definisce "doppio legame", e che, fino a qualche tempo fa, veniva ritenuto un importante fattore psicogeno.

Non ti puoi sottrarre dal rapporto (per vincolo d'amicizia), ma se per ipotesi non sei d'accordo con l'Autore, che cosa fai? Dici quello che pensi mortificando l'amico, o lo compiaci mortificando te stesso? Insomma, dal tuo disagio non ne esci comunque.

In realtà, è bastata la lettura delle bozze per risolvere la questione.

Le considerazioni che il libro propone sono tutte condivisibili e apprezzabili.

Ma al di là dei contenuti colpisce lo stile discorsivo, colloquiale e diretto che rende la lettura agile e gradevole, mai però a scapito della densità tematica.

Il discorso non sfoggia ostentata erudizione, né saccenteria; semmai prevalgono i dubbi, gli interrogativi problematici ricordando che "sappiamo di non sapere", detto intenzionalmente senza citazione, ma che rimanda, come ben si sa, ad un'antica saggezza.

Del resto, la stessa Medicina si sta misurando con un "Maledetto Virus" di cui tuttora si ignorano le origini e buona parte delle sue mutevoli caratteristiche.

E bene fa Sbrana a sottolineare che la Scienza è però l'unica luce, nel buio della pandemia, capace di illuminarci e guidarci.

Un dileggio particolare viene riservato ai cosiddetti 'negazionisti' – categoria prolifica di questi tempi – la cui ostinata contrapposizione verso i dati oggettivi è interpretata in chiave psicologica come un'anacronistica riedizione del "No" infantile rivolto al mondo adulto nel tentativo di affermare la propria velleitaria indipendenza dall'autorità, che in questo caso si identifica con la presunta dittatura sanitaria.

Aggiungerei: una difesa regressiva, la 'negazione', cui si ricorre irrazionalmente per rifiutare una realtà troppo angosciante e temibile come quella della morte.

Ed è proprio questo tema a suscitare una profonda indignazione quando viene rievocato il modo inumano di lasciar morire i malati in solitudine senza che un familiare possa almeno far sentire la propria vicinanza.

Ma altre critiche non vengono risparmiate, una per tutte i numerosi tagli al bilancio della Sanità effettuati negli anni che hanno preceduto il dilagare della pandemia, sguarnendo così il servizio sanitario di mezzi e personale in maniera sconsiderata.

L'auspicio è che una Politica più responsabile – non certo quella della demagogia populista – sappia provvedere (e nobilitarsi) in un futuro non troppo lontano.

Come si può capire, il taglio della trattazione è prevalentemente sociologico.

D'altro canto, è l'Autore stesso a ricordarci il suo primo amore per la Sociologia, coronato con la laurea a Pisa nel lontano 1974.

Ma accanto al secondo innamoramento per la Psicologia, da cui nasceranno numerosi contributi teorico-clinici, non va dimentica la fedele e inesauribile passione per la Musica che ha fatto da contrappunto nella polifonia dei suoi interessi. O più semplicemente, il leitmotiv, che in una traduzione maccheronica "suonerebbe" come il motivo lieto del suo alter ego artistico.

Marco Danesi

Introduzione

La mia precedente 'fatica letteraria' (si fa per dire …) era intitolata "Quello che non ho (ma che potrei riavere)" – Il cambiamento Sociale in Italia (Amazon Libri, EmmeEmmePo Edizioni - novembre 2020).
Parlava di come son cambiate le cose dagli Anni '60 ad oggi.

Il titolo era stato preso in prestito da un gigante della musica leggera (chissà perché "leggera"?) italiana, di nome Fabrizio De Andrè, per gli amici Faber, prematuramente scomparso.

Anche questo titolo, s'ispira ad una nota canzone portata al successo da Loretta Goggi: "Maledetta Primavera" di Amerigo Cassella (il testo) e da Gaetano Savio, detto Totò (la musica). La canzone partecipò al Festival di Sanremo del 1981, classificandosi al secondo posto.

Loretta Goggi, cantante, attrice, doppiatrice, conduttrice televisiva, showgirl, imitatrice e scrittrice ha la stessa mia età (anche se l'età delle donne, non si sa perché, non va detta, ma è su Google) è tuttora in attività.

Il marito, Gianni Brezza, ballerino e coreografo di successo, purtroppo anche lui prematuramente scomparso, era originario di Pola, in Istria, ma si era trasferito con la sua famiglia d'origine a La Spezia, da ragazzotto: non era difficile incrociarlo nelle vie del passeggio spezzino, in via Chiodo, via Prione, corso Cavour o in piazza Brin, sorridente, semplice e disponibile. Appassionato del nostro splendido mare, aveva fatto anche il Servizio di Leva nella Marina Militare: se il mare di La Spezia si chiama Golfo dei Poeti, un motivo ci sarà…

Nel brano cantato dalla Goggi, l'aggettivo 'Maledetta' era unito al sostantivo 'Primavera' in chiave ironica e scherzosa. Semplicemente perché qui la primavera, intesa come periodo degli amori, irrompeva senza chiedere permesso a nessuno nella vita delle persone, obbligandole ad innamorarsi: "…se per innamorarmi ancora tornerai, maledetta primavera… che imbroglio se, per innamorarmi basta un'ora…".

Anche il terribile Virus di Nome Covid 19 non ha chiesto a nessuno il permesso per irrompere nella vita di circa otto miliardi di persone nel Mondo.

È arrivato e basta.

Ha fatto, sta facendo e speriamo smetta prima possibile di fare, milioni di vittime, ovunque.

Quindi, non ci sono ironia e scherzo, ma solo maledizione allo stato puro: Maledetto Virus.

L'esordio

Già questo, non si sa.

Nel nostro Paese, sembra essersi affacciato a febbraio/marzo del 2020 in un paese della Bassa Lodigiana, Codogno in provincia di Lodi, ma anche su questo non ci sono certezze: molti scienziati asseriscono di aver trovato tracce di Covid 19 in autopsie effettuate su persone decedute da altre parti d'Italia nell'autunno del 2019.

Un dato, però è certo: nessuno di noi comuni mortali aveva messo in conto che sarebbe potuta arrivare un'Epidemia, trasformatasi in brevissimo tempo in una vera e propria Pandemia.

I più avanti d'età, come chi scrive, avevano ed hanno sul braccio il ricordo dell'ultima vaccinazione di massa avvenuta più di sessant'anni fa negli anni '50 per contrastare il Vaiolo. Chi è nato dopo, neppure quella.

Tutti noi, quindi, eravamo in altre faccende affaccendati.

Al massimo, partecipavamo al dibattito sull'opportunità o meno di sottoporre i nostri figli e nipoti alle campagne di vaccinazione solite (varicella, morbillo, eccetera), ma questa era ed è un'altra storia.

I più attenti, cercavano di fare una vita più sana possibile, facendo attenzione ai cibi, all'aria che respiriamo, insomma ad altro.

Forse, tenevamo d'occhio i Presidenti degli USA o della Russia, perché sapevamo avere sulle loro scrivanie il famoso pulsante rosso in grado di scatenare la terza guerra mondiale, ma, tutto sommato, con un certo distacco, confidando sul ruolo della Nato, del Patto di Varsavia e dei consiglieri illuminati dei Presidenti "Ci staranno attenti loro, no?"

Quindi, il dibattito, se c'era, era tra la Pace e la Guerra e tutti gli anni, in autunno, dal 1961 in poi il Popolo della Pace faceva la storica Marcia da Perugia ad Assisi, con le giganteschе bandiere arcobaleno: quest'anno, per motivi di distanziamento, tramutata in catena umana.

L'ultima Guerra Mondiale era scoppiata 80 anni fa e non solo i pacifisti, ma tutte le persone minimamente intelligenti hanno goduto dell'assenza di guerre mondiali e da queste si guardavano.

Non che guerre sul Pianeta non ce ne fossero in questo brutto anno, ma molti di noi le vivevano come distanti, orrende, ma distanti, scarsamente minacciose per noi europei. Magari, qualche attentato che classificavamo come Atti di Terrorismo, ma tutto sommato controllabile come la Stagione delle Stragi degli anni '70 ed '80. Terrorismo, peraltro oramai concluso e sconfitto nel nostro Paese.

Ma una Pandemia non l'avevamo messa nel conto.

Ci ha trovato totalmente impreparati. Sul piano mentale, ma non solo su questo. Anche su altri piani.

Si ragionava sull'esordio. Nel vecchio continente l'Italia è stato il primo Paese ad essere colpito dalla Pandemia che si è estesa rapidamente dalla Lombardia al Piemonte e, successivamente, in tutte le Regioni. Ed abbiamo assistito e stiamo tuttora assistendo a bollettini giornalieri da far rabbrividire: sui positivi asintomatici, sui positivi con sintomi spesso gravi e con numeri di decessi giornalieri decisamente importanti.

Dopo lo sbigottimento iniziale, abbiamo cercato di organizzarci, elaborando strategie che arginassero il virus, a costo, va detto, di sacrifici personali e collettivi inimmaginabili prima di allora.

L'elemento più preoccupante nei giorni successivi all'esordio è stato quello della progressione dei numeri, a mio parere. Un andamento molto pronunciato, tipico delle pandemie, apparentemente inarrestabile. Chi di noi non ha pensato: "toccherà anche a me"?

Le misure di contenimento o, per lo meno, di tentativo di contenimento, non sono state immediate. Per alcuni giorni dopo l'esordio, non dico che si navigava a vista, ma quasi. D'altronde, di questo Covid 19 si sapeva poco o nulla e le risposte organizzative han tardato ad arrivare. Oltretutto, a differenza di molti virus, questo è sembrato un virus che non guarda tanto in faccia nessuno: ricchi e poveri, maschi e femmine, anziani e giovani, del nord o del sud. Impossibile non essere angosciati.

Il precedente famoso virus, l'HIV, spesso prodromico dell'AIDS, aveva caratteristiche differenti: sapevamo esserci "categorie" particolarmente a rischio ben definite, come i tossicodipendenti da eroina con l'uso promiscuo di aghi e siringhe, gli emotrasfusi e coloro che cambiavano spesso partner, senza fare molta attenzione alle modalità erotiche. Uno Studio scientifico serio dell'O.M.S. si è spinto persino a stilare una quantificazione statistica percentuale. I primi al 42%, i secondi al 16% ed infine i terzi anch'essi al 42%.

Era sufficiente non usare oppiacei, non farsi fare (se possibile) trasfusioni di sangue ed essere attenti nei rapporti sessuali (sia etero che omo), per stare abbastanza tranquilli.

Con questo Coronavirus è diverso. Siamo tutti a rischio. Possiamo ridurre le percentuali di rischio, usando le mascherine in modo corretto, evitando gli assembramenti e lavandoci spessissimo le mani senza portarle al naso e agli occhi, ma possiamo infettarci anche se stiamo attenti, semplicemente perché siamo vivi. Un bel guaio.

Come è possibile non essere angosciati?

Ed è oramai un anno, che viviamo immersi nell'angoscia, che fa anche male alla salute. L'unico modo che conosco per affrontare l'angoscia è traguardare la sua fine, il suo dissolvimento ed il suo superamento. Certo, serve fiducia e speranza. Siamo certi che finirà: se sono finite le epidemie di Peste e Vaiolo, finirà anche la Covid 19, ma a che prezzo? E quando?

Ma da dove è venuto?

Niente da fare. Non si sa neppure questo. E, molto probabilmente, non lo sapremo mai. Sarà l'ennesimo segreto dell'epoca in cui viviamo.

Sappiamo forse, a distanza di 40 anni, come mai è esploso in volo il DC9 Itavia tra Ponza ed Ustica, con 81 persone a bordo? Era il 27 giugno del 1980. Terrorismo? Missile Libico? Errore umano in scenario di guerra? Non si sa. Sappiamo di non sapere.

Sappiamo forse chi ha ucciso Enrico Mattei, fondatore della più grande Azienda Italiana, l'ENI, facendo precipitare misteriosamente nel 1962 il suo aereo nelle campagne di Bascapè, un piccolo paese in provincia di Pavia, mentre era in avvicinamento all'aeroporto di

Linate? No. Non si sa. A distanza di 58 anni, non si sa. Si sa solo che fu un attentato. E basta.

Ed i due fatti misteriosi che precedono, sono fatti italiani.

I misteri esistono ed i motivi possono essere così tanti, da neppure poterli immaginare.

E di un fatto come l'origine del SARS-CoV-2, che sta riguardando il mondo intero, altro che la sola Italia, per quale motivo dovremmo saperne qualcosa?

C'è chi giura sia un fatto naturale, senza cioè intervento dell'uomo, non diretto, perlomeno.

C'è chi giura sia scappato da un *laboratorio cinese*, accidentalmente.

C'è chi giura si tratti di un atipico passaggio di specie, da animale a uomo.

Personalmente ho molti dubbi che lo sapremo mai.

E non sapere da dove viene una Pandemia di queste dimensioni, non mi pare proprio un problema di poco conto.

Sicuramente, la Scienza cercherà di scoprirlo, prima o poi.

Ma la certezza che venga detto a noi comuni mortali una volta scoperto, personalmente, non la ho: molti misteri si sono nascosti e continuano a nascondersi trincerandosi dietro la famosa (e fumosa) Ragion di Stato.

Spesso, in buona sostanza, noi gente comune siamo considerati un po' deficienti, non in grado di capire. Ma come facciamo ad essere certi che chi decide di tenerci all'oscuro su certi fatti non sia un deficiente?

Riflettiamo su queste tre ipotesi d'origine.

La prima: un fatto naturale, senza cioè intervento dell'uomo, non diretto, perlomeno. Un'ipotesi decisamente inquietante perché subìta e non voluta. Quindi ripetibile. Se così fosse, c'è da mettere nel conto si ripresenti periodicamente. Viene in mente quella ragazzina svedese di nome Greta Thunberg, attivista per lo sviluppo sostenibile e contro il cambiamento climatico, diciassettenne, assurta agli onori della cronaca in tutto il mondo e ricevuta dai Potenti della Terra. Greta, promotrice del Fridays for Future, ha sfidato tutti a viso aperto e li ha accusati d'incapacità di intraprendere azioni sufficienti per affrontare la crisi climatica. Il suo *"come vi permettete…"* pronunciato al Vertice sull'Azione per il Clima delle Nazioni Unite nello scorso 2019, ha risuonato nelle stanze dell'ONU e nel modo intero. Inclusa tra le 100 persone più influenti del Pianeta dalla Royal Scottish Geographical Society la giovane attivista è stata candidata al Premio Nobel per la Pace per due anni consecutivi (2019 e 2020). Quando, qualche anno fa, è apparsa sulla scena, molti di noi non sapevano se Greta avesse un disturbo psichiatrico o se era un Profeta in erba. È il destino dei Geni, esser scambiati per pazzi.

Ora, se questa origine del Virus venisse confermata, dovremmo far cessare i dubbi: Greta avrebbe visto più avanti di noi comuni mortali, riconoscendo i pericoli della violenza dell'uomo sulla Terra. D'altronde, è tipico dei Geni guardare più avanti. Lo stesso capitò anche ad un altro, un italiano della provincia di Firenze che, tra la fine del 1400 e l'inizio del 1500, veniva scambiato per visionario quando disegnava e progettava aeroplani, sommergibili e carri armati: di nome faceva Leonardo, di cognome, Da Vinci.

Se questa ipotesi fosse confermata, dovremmo seriamente correre ai ripari, invertendo la tendenza autolesionista e distruttiva quanto prima, augurandoci non sia già troppo tardi.

Vedremo.… .

La seconda ipotesi, cioè che il Virus sia "scappato" più o meno volontariamente da un Laboratorio cinese, è, se possibile, più agghiacciante della prima, per l'intervento e la volontà dell'uomo, più diretti.

La prima domanda da porci, in questo caso, credo dovrebbe essere: a quale scopo, creare in Laboratorio un'arma micidiale e letale come il Corona Virus? Per scopi bellici? Nessuno scopo, solo errore umano?

Va ricordato a questo riguardo, che l'arma micidiale dell'ultimo conflitto mondiale, la Bomba Atomica, prese le mosse dalla immensa scoperta di Albert Einstein, con la famosa formula $E=mc^2$: la possibilità, cioè, di trasformare direttamente la Materia in Energia. Gli studi non avevano finalità belliche, ma solo scientifiche. Nacque così la spiegazione del fenomeno della Radioattività, ovvero che certi elementi emettono Energia spontanea. Alcune di queste ricerche nel campo furono condotte in Italia da Enrico Fermi. Successivamente, nel 1939, lo stesso Fermi ed un altro scienziato suo collaboratore di nome Leò Szilard, intravidero la possibilità di trasferire i propri studi a livello bellico, segnalando il fatto al Presidente degli Stati Uniti d'America Roosevelt, che ne decise l'uso su Hiroshima e su Nagasaki, rispettivamente il 6 ed il 9 agosto del 1945.

Sicuramente né Einstein, né Fermi avevano l'obiettivo di sganciare la Bomba Atomica: loro sono stati il primo anello di una catena. Tutto qua.

Quindi, non è detto che gli scienziati cinesi avessero l'obiettivo di sterminare l'umanità. Però, mentre scrivo, sono già morte di Covid nel mondo due milioni di persone e novanta milioni d'infettati.

Magari gli scienziati cinesi stavano solo facendo gli scienziati e qualcosa è andato storto. In buona sostanza, se l'avessero fatto apposta, dovrebbero essere processati e condannati per il reato di strage e, con loro, chi ha dato l'ordine.

Se fu errore accidentale non voluto, mi domando e, ovviamente, domando a chi legge: possiamo evitare una reiterazione dell'errore? Se sì, evitiamolo. Se no, prepariamoci ad altre situazioni simili da incubo. Controllare la Scienza mentre fa il suo lavoro, verificando cosa sta cercando, che uso intende farne dei risultati significa limitare la Ricerca? "Mettere le mutande" al progresso ed ai saperi? Può darsi. Personalmente preferisco il sopradescritto atteggiamento alla "licenza di uccidere".

Sulla terza ipotesi circa l'origine del virus, che sia, cioè, un atipico passaggio di specie, da animale a uomo, credo sia lecito domandarci cosa significa. Se significa mangiare i pipistrelli, proporrei di prendere provvedimenti nei confronti dei Paesi dove c'è questa abitudine: non per motivi animalistici o ideologici, ma solo perché, poi, gli uomini mangiatori di pipistrelli hanno contagiato e sterminato l'umanità del globo e, se non troveremo il modo d'intervenire, la prossima volta non si chiamerà magari SARS-CoV-2, ma il problema pandemico si ripresenterà.

Chissà se sapremo mai l'origine del virus.

Come ci siamo organizzati per fronteggiarlo?

Rispondo volentieri subito alla domanda del corrente paragrafo.

A mio parere, male. Molto male.

Innanzitutto, al di là di aver proclamato lo *'Stato d'Emergenza Nazionale'* il 31 gennaio del 2020, con una Delibera del Consiglio dei Ministri, della durata iniziale di sei mesi e, successivamente, prorogato al 31 gennaio 2021, e ora sino al 30 giugno 2021, su input dell'OMS, siamo stati, a mio parere, colti impreparati. Guardavamo le immagini di Wuhan in TV e, di lì a poco, la pandemia è arrivata in Italia, primo Paese d'Europa.

Lo Stato d'Emergenza Sanitaria andava sicuramente dichiarato, ma, da solo, non era sufficiente; necessario, sì, ma per nulla sufficiente.

A passi da gigante ci siamo incamminati verso il primo Lockdown generale, iniziato il 9 marzo e terminato il 18 maggio 2020: 69 giorni di chiusura pressoché totale nelle proprie abitazioni, sospensione delle attività lavorative e boom d'ingresso di contagiati in Ospedale ed in Terapie Intensive. Il tempo percepito durante questa chiusura prolungata non è misurabile: per ognuno di noi ha avuto un diverso valore e rimarrà un ricordo indelebile nella nostra mente.

Che tipo di cure abbiamo trovato a disposizione? Poche, come anche pochi posti letto e poco personale sanitario. D'altronde, se dagli anni '90 ad oggi il Sistema Sanitario è stato falcidiato da ogni Legge Sanitaria, qualche conseguenza, forse, era lecito aspettarsela. Neppure gli Obitori ed i Cimiteri erano sufficienti. Nessuno di noi potrà mai dimenticare le file interminabili di camion militari pieni di salme nella bergamasca.

La settima potenza del mondo, con la legge sanitaria ammirata ed invidiata da tutti, l'Italia, ha dimostrato di saper parlare o di saper scrivere le leggi, ma di mettere a bilancio le somme necessarie per dare gambe in modo corretto alle cure, non c'è per niente riuscita: poco personale sanitario, sia ospedaliero che territoriale, pochi ospedali, poche attrezzature; fino ad arrivare ai giorni nostri in cui fa uscire bandi urgenti alla ricerca di medici e di infermieri ed al bando risponde il 25% delle necessità. Veramente un pessimo spettacolo, per noi ed agli occhi del mondo.

Questo significa farsi cogliere impreparati e questa è una colpa della classe politica che mai e poi mai dovremmo perdonare.

Risparmiare sulla salute, falcidiando anno dopo anno i bilanci della Sanità e foraggiando a più non posso gli acquisti di inutili armi belliche come gli F35, la dice lunga sulla sensibilità di chi ci governa.

È da molto tempo che nel nostro Paese abbiamo finito gli Statisti, facendo venire avanti una classe politica attenta alle prossime elezioni e basta, con una quasi totale assenza di visione prospettica del futuro, come ogni buon Statista faceva un tempo. Siamo veramente ridotti male. E ci tocca rimpiangere persone come Aldo Moro, Amintore Fanfani, Bettino Craxi, Enrico Berlinguer ed altri. Una situazione decisamente patetica e spiacevole.

Eppure c'eravamo, ad ogni fine dell'anno, quando le varie leggi finanziarie stabilivano il Bilancio dello Stato. C'eravamo ed abbiamo lasciato che i finanziamenti della spesa sanitaria venissero costantemente decurtati. C'eravamo ed abbiamo lasciato fare. Come niente fosse. Poi è arrivato il Covid ed ha fatto notare a tutti che mancavano i posti letto negli ospedali per ricoverare la gente, che i medici e gli infermieri erano insufficienti, che le Terapie Intensive scoppiavano, che non avevamo i macchinari per far respirare le persone e salvarle dalla morte. Questo significa essere pronti ad affrontare la più grande pandemia del dopo guerra?

Non credo proprio.

E credo invece sia arrivata l'ora di assumerci le nostre responsabilità. Aver assistito allo scempio del Servizio Sanitario Nazionale ed esser stati zitti, ha un che di colpevole. Non si può piangere sul lato versato. E stare zitti, lasciando fare, non partecipando in modo attivo ai fatti, è un macigno, dal punto di vista della nostra responsabilità personale e collettiva.

Credo sarebbe il caso di sentirci in colpa, perché abbiamo colpa.

Gli psicologi aiutano i pazienti ad affrontare i loro sensi di colpa, distinguendo, però, tra colpe vissute immotivate (inopportune e segno di psicopatologie), e colpe opportune.

Non aver contrastato lo scempio della sanità è colpa opportuna e sana, perché la scelta la avremmo avuta a portata di mano e, per nostra responsabilità, abbiamo lasciato fare. Esserne consapevoli diventa fondamentale per modificarci.

In molti si stanno domandando se la lezione sia servita: personalmente, qualche dubbio lo ho. Ma avremo modo di verificarlo, mi auguro presto. Quando l'emergenza sarà finita, incontreremo un'altra legge finanziaria di fine anno e staremo a guardare. Vedremo se la lezione sarà servita. Vedremo se il Servizio Sanitario Nazionale verrà finanziato come si deve o no. Vedremo.

I Dpcm

Come noto a tutti, Dpcm significa Decreto Presidenza Consiglio dei Ministri. È previsto nelle situazioni d'emergenza grave e risponde alla necessità di adottare provvedimenti immediatamente esecutivi concordati e decisi dal Consiglio dei Ministri, che, in condizioni normali, è il potere esecutivo: il potere legislativo lo ha il Parlamento. Diciamo, per capirci, che nelle situazioni emergenziali è prevista questa fusione tra i due poteri, legislativo ed esecutivo.

Già questo ha creato non pochi disagi. Soprattutto in Parlamento, ma anche in larghe fasce dell'opinione pubblica. Camera e Senato sono espressione dei cittadini votanti; il Consiglio dei Ministri è altro: viene deciso dai parlamentari, attraverso il gioco di maggioranza ed opposizione, ma non viene per niente eletto, viene deciso e basta. Su tutti, vigila l'attento occhio del Presidente della Repubblica.

In buona sostanza, parte del Parlamento, ovviamente composta dall'opposizione, si è sentita esautorata dai Dpcm, che hanno dovuto normare, quindi fare provvedimenti che sono leggi immediate, spesso (per non dire sempre) dettati dall'urgenza pandemica. Provvedimenti importanti, limitanti le libertà personali fino a giungere ai lockdown territoriali, presentati come una risposta di contenimento del virus, non l'unica, ma sicuramente la principale, in assenza di terapie e di vaccino.

Nel periodo pandemico il Consiglio dei Ministri, detto "giallo/rosso" perché composto da aderenti al Movimento 5 Stelle e dal Partito Democratico, ha chiamato a presiederlo, dall'esordio della pandemia a tutt'oggi mentre scrivo, un Docente Universitario di Diritto, Giuseppe Conte, che si è trovato a gestire la situazione più delicata e grave del dopoguerra in Italia.

Sinceramente, non vorrei essere nei suoi panni perché mi sembra abbia veramente molte gatte da pelare, sia sul versante sanitario, come sul piano economico finanziario. E spesso mi domando come diavolo faccia a resistere. È lui a firmare i Dpcm, con misure restrittive pesantissime e a beccarsi gli strali delle opposizioni parlamentari.

Il lockdown imposto dai Dpcm è stato decisamente impegnativo ed il ricordo, ammesso che sia tale, ci accompagnerà per tutta la vita. È entrato prepotentemente, ha impedito pezzi fondamentali delle nostre abitudini acquisite.
Agli economisti, il compito di quantificare le perdite dal punto di vista produttivo.

Non è compito mio: io propongo considerazioni e riflessioni sul piano sociale psicologico.
Vediamole: innanzitutto l'obbligo di distanziamento sociale, ridefinito subito dal Dott. Vasco Rossi da Zocca (Modena), Emilia Romagna, dottore honoris causa in Scienze della Comunicazione nel maggio del 2005

dall'Università IULM di Milano come "Distanziamento Fisico, più che Sociale …"

Può sembrare, a prima vista, una differenza da poco. Invece, a mio parere, il Dr. Vasco Rossi ha messo il dito nella piaga: l'essere umano ha bisogno del contatto fisico, come dell'aria. E molti di noi hanno sofferto molto per la carenza di contatto fisico. Niente strette di mano per salutarci, niente abbracci, niente baci (per non parlare del sesso …).

E su questo tema del distanziamento sociale (o fisico) soffermiamoci un attimo, per mettere in evidenza un aspetto, a mio parere, a dir poco sconcertante: chi mi conosce, sa che mi sono, nel mio piccolo, da sempre, occupato professionalmente, del nostro sistema detentivo. Non per buonismo (confesso di non sapere nemmeno cosa significhi esattamente), ma solo per amore della razionalità ed anche per "difesa personale". Allora, potrebbe essere interessante riflettere assieme e porci la seguente semplice domanda: "Qual è l'unico posto dove è impossibile distanziarci gli uni dagli altri?"

E' il Carcere.

Dove sono obbligati a vivere in sei persone in celle di 16 metri quadri, dalla mattina alla sera ed anche dalla sera alla mattina.

In carcere, il distanziamento non solo non è possibile, ma nessuno si è posto il problema di come affrontarlo. Nessuno.

I positivi in carcere, al momento, sono 1049 e si trovano in 86 diversi istituti penitenziari. Tra questi in 90 presentano sintomi da Covid-19 (erano 65 a fine novembre) e in 41 sono in condizioni più serie che hanno reso necessario il trattamento ospedaliero (erano 27 a fine novembre). Questi numeri vengono dal Ministero della Giustizia.

Ma in carcere non ci sono solo i detenuti: c'è anche il Personale (Agenti della Polizia Penitenziaria, Educatori, Psicologi, Assistenti Sociali, Insegnanti e personale Amministrativo): rischiano TUTTI "alla grande".

E ciò a causa di un "giustizialismo manettaro", purtroppo trasversale nei partiti politici italiani.

Se la Pandemia si fermerà, potremo dire di non aver rispettato solo l'Articolo 27 della nostra Costituzione. Se non si fermerà, sarà un'ecatombe.

Torniamo ora al tema del distianzamento sociale e fisico: che cosa ha fatto, in buona sostanza, questo maledetto virus? Ha privato tutti noi della dimensione della Relazione.

Ciò che differenzia gli esseri umani dagli oggetti inanimati, come i paracarri ed i pali della luce, per esempio, è proprio la necessità biologica e psicologica del contatto fisico. Renderlo proibito per Decreto fa molto male alla salute.

Quindi, il distanziamento sarà anche stato sociale, ma soprattutto fisico.

Personalmente, ho trovato i vari Dpcm molto carenti di attenzioni psicologiche, come se la nostra vita avesse solo la dimensione biologica.

Vogliamo affrontare le morti in totale solitudine affettiva, ammontanti per ora a oltre 80.000 nella sola Italia? Un vero e proprio scandalo.

Non sono ancora riuscito a capire per quale diavolo di motivo li abbiamo lasciati morire da soli. Era così difficile mettere nelle condizioni un familiare che tenesse una mano al congiunto in punto di morte? Ovviamente bardato come quei marziani di medici ed infermieri curanti, guanti e visiera compresi.

No. Niente.

Siamo stati condannati alla solitudine, nel momento più importante della nostra vita, cioè la morte.
Siamo dei dementi. Magari scienziati, ma dementi.

In tutta sincerità, ritengo più anticostituzionale questo abbandono affettivo in punto di morte, dell'aver gestito la pandemia attraverso i Dpcm e non attraverso il dibattito parlamentare.

Mentre scrivo (dicembre 2020), giunge una notizia su questo argomento assai interessante: nell'Ospedale Covid di Cinisello Balsamo in provincia di Milano, il Direttore della Struttura Complessa di Terapia Intensiva ha deciso di ammettere, dietro richiesta esplicita, un familiare in Reparto, a tenere la mano all'ammalato in punto di morte. Le motivazioni sono entrambe, a parere di chi scrive, ineccepibili.

Innanzitutto è stato fatto rilevare che così come entrano nelle stanze medici ed infermieri, con le medesime attenzioni, può entrare un familiare. Tute anticontagio, calzari e guanti (doppi) monouso, capelli raccolti dentro cuffie di plastica, mascherina naso bocca e maschera con visiera di plexiglass. E' stato fatto notare che il "rischio zero" non esiste, ma sarebbe il medesimo che corre quotidianamente il personale sanitario.

La seconda motivazione ha un che di sorprendente. È stato dichiarato che una presenza affettiva di un familiare è, di per sé, elemento favorente la crescita delle difese immunitarie nel paziente.

"Tanta roba", direbbero i giovani d'oggi.

Peccato solo ci siano voluti 12 mesi e 80.000 morti in totale solitudine.

Strano Paese, il nostro.

I negazionisti

È fuor di dubbio che tutti noi abbiamo sofferto e molto per le limitazioni imposte dalla pandemia. Ma gli atteggiamenti, le reazioni, i modi di fare, di dire e di comportarsi, sono stati i più vari.

Nessuno ha gioito per avere incollata in faccia la mascherina naso bocca dalla sera alla mattina.

Nessuno ha gioito la sera davanti alla tv a sentire dati agghiaccianti.

Nessuno ha gioito ad avere figli lontani, chiusi in altre regioni d'Italia.

Ma la maggior parte di noi ha accettato, magari a malincuore, le limitazioni imposte. Le quali non erano imposte per spirito sadico o per cattiveria pura o, peggio ancora, per gusto del Potere: erano imposte per motivi importantissimi di natura sanitaria.

La prima iniziativa a livello politico-organizzativo, ad inizio pandemia, è stata (per fortuna) affidarsi alla scienza, creando task force di epidemiologi, in modo da farsi suggerire in quale modo poter contenere il virus, in assenza di farmaci e di vaccini.

Vi sembra un'iniziativa strana? A me, no.

Dovevamo prescindere dalla scienza ed affidarci unicamente alla classe politica?

Non diciamo corbellerie: una pandemia non è uno scherzo ed ognuno di noi deve essere usato per la propria professionalità, le proprie conoscenze e le proprie esperienze.

E la task force ha suggerito il distanziamento, il lavaggio delle mani, gli starnuti nel gomito e l'isolamento totale delle zone sedi di focolai pandemici, ed altro.

Non tutti hanno digerito ed accettato le necessarie limitazioni: è così nato un movimento d'opinione negazionista. Cosa significa? Su quali basi? Cosa affermano i negazionisti?

Beh … ce ne sono di diversi tipi e livelli.

I più aguerriti dicono (potrà forse sembrarvi strano) che il Covid 19 non esiste. Né è mai esistito ed è solo un'invenzione di chi voleva ridurre le nostre libertà. Tout court.

Questi signori non ci dicono di cosa sono morti i milioni di esseri umani nel mondo. Ma non importa. Secondo loro, se sono morti (ma anche su questo hanno dei dubbi), non sono morti per Covid, ma per altro.

In buona sostanza, una gigantesca presa per i fondelli, al solo scopo di obbligarci a far cose, tipo non uscire di casa, non potersi più spostare da una regione all'altra, da uno Stato all'altro, senza nessun motivo reale.

So non essere facile capirli, ma è così.

E, si badi bene, la questione dei negazionisti non può essere attribuita all'ignoranza, alla pochezza culturale o a spiegazioni simili: tra le loro fila ci sono plurilaureati e gente di ottima levatura culturale. Alcuni siedono persino in Parlamento.

D'altronde, non tutti crediamo che l'uomo sia andato sulla Luna, ma solo in un set cinematografico a girar riprese farlocche. Quindi non ci stupiamo.

E poi esistono anche i Terrapiattisti, persone che ritengono la nostra Terra, cioè il nostro Pianeta, piatto e non sferico. Ci vuole pazienza.

Dobbiamo dedicare loro tempo ed energie? Non credo proprio. Meglio non farci caso.

Che alternative abbiamo se non fare come non esistessero, andando avanti per la nostra strada? Nessuna. Credo sia il prezzo della democrazia e della libertà di pensiero: sarebbe un errore terribile invocare la censura: questa, oltre ad essere nei fatti inapplicabile, sarebbe pericolosissima e nessuno sarebbe in grado di sapere dove potrebbe portarci. La censura è un'espressione del Potere, del peggior potere esistente: l'abbiamo sperimentata in periodi storici non lontanissimi, uno su tutti il periodo fascista della nostra Storia e non mi pare proprio se ne possa avere un buon ricordo.

Ne discende, che siamo tutti liberi di pensarla come si vuole, da adulti.

E, da adulti, ci assumiamo la responsabilità delle nostre azioni.

Durante altre fasi della nostra vita, la questione è diversa: da bambini, ad esempio, talora ognuno di noi ha avuto pensieri, atteggiamenti, modalità di affrontare le situazioni in aperto contrasto con i genitori o gli adulti in genere, dicendo "di no" ad alcune questioni, mostrando ribellione e rifiuto delle posizioni dei genitori, educatori, adulti. Questo periodo di crescita aveva, ha ed avrà uno scopo ben preciso: affermare se stessi. È una fase talmente nota e studiata, da avere persino un nome: è la fase della negazione. Si nega, da piccoli, praticamente tutto e siamo poco interessati delle conseguenze.

Nell'attività clinica di psicoterapia spesso vengono in studio a chiedere aiuto genitori di figli piccoli o adolescenti, preoccupatissimi, con angosce strutturate, difficoltà di gestione dei figli ribelli, paura delle conseguenze dei loro comportamenti oppositivi, ribelli e negazionisti. Agli psicologi, il compito di rassicurarli, di far prendere loro coscienza dell'inevitabilità di attraversamento di tale fase, di accompagnarli nel momento di crescita dei loro figli: quando non c'è (e fortunatamente solo raramente c'è) una psicopatologia sottostante, è abbastanza facile far intravvedere loro la famosa "luce in fondo al tunnel": i bambini smettono di essere negazionisti, crescendo.

I negazionisti adulti, con maggiori difficoltà ed in tempi più lunghi, smetteranno di negare l'esistenza del Covid, magari prendendo coscienza che questo maledetto virus qui in Italia ha già ucciso più persone della seconda guerra mondiale. A certificarlo è Giancarlo Blangiardo, Presidente dell'ISTAT, il 6 dicembre di questo orribile anno.

E la seconda guerra mondiale è difficile negare ci sia stata.

Il Ruolo della Scienza

Virologi, Infettivologi, Epidemiologi: quanto son stati utili in questa battaglia?

Moltissimo. Semplicemente essenziali.

Senza il loro aiuto, non saremmo andati da nessuna parte.

Una Pandemia di queste dimensioni aveva bisogno di essere gestita da tecnici preparati.

Se non sempre hanno fatto bella figura, non credo sia una "colpa" da attribuire a loro, ma al nostro mondo quasi totalmente mediatico, dove tutto ed il contrario di tutto spesso si confondono.

Quasi nessuno di noi comuni mortali è abbonato a "The Lancet", a "New England Journal of Medicine", a "Journal of the American Medical Association" a "British Medical Journal" o a "Canadian Medical Association Journal", le prime cinque riviste mediche internazionali più conosciute e prestigiose.

Non vorrei essere offensivo, ma molti di noi consultano "Wikipedia" quando vogliono sapere qualcosa. Ma Wikipedia di scientifico non ha proprio nulla. È un'enciclopedia addirittura autoprodotta da frequentatori del web, punto e basta.

Siamo, quindi, discretamente ignoranti dal punto di vista delle conoscenze scientifiche, nel significato etimologico del termine.

Inevitabile ed anche opportuno, rivolgersi a chi ne sa più di noi in quello specifico settore del Sapere: Virologi, Infettivologi ed Epidemiologi, per l'appunto, essendo il nuovo Coronavirus un Virus infettante dalla caratteristica pandemica.

Li abbiamo interpellati, abbiamo loro chiesto aiuto ed abbiamo ottenuto posizioni non univoche, alcune delle quali in aperto contrasto l'un con l'altra.

E siamo andati in confusione, non sapendo a chi credere. Cercavamo certezze ed abbiamo ottenuto dubbi.

Nel mare magnum di fake news, è già difficile destreggiarci quando a metterle in giro sono persone qualunque, emeriti sconosciuti con conoscenze a dir poco dubbie o inesistenti. Ma che siano alcuni scienziati a veicolarle, proprio non ce l'aspettavamo.

Il problema, a mio parere, sta nel fatto che la nostra informazione, oramai, è appaltata ai Social Network ed a Internet, dove i "filtri" (come noto) non esistono.

Su di un Social, si può scrivere qualsiasi cosa e si è visti e letti da milioni di persone: il passaggio al narcisismo d'immagine e di notorietà è dietro l'angolo, costi quel che costi. Il costo è la confusione dei fruitori delle notizie. Ma credo interessi poco, questo costo, a chi mette in giro le notizie stravaganti.

L'apice del narcisismo di cui stiamo parlando è "l'ospitata" nelle trasmissioni televisive: un'ora d'intervista, una presunta legittimazione per il solo fatto di essere stati invitati a partecipare, una platea di ascoltatori passivi … "et voila" … il gioco è fatto.

E stiamo volutamente restando all'interno delle "ospitate" gratuite dal punto di vista economico. Ma sappiamo, purtroppo, che non tutte sono gratuite, ma alcune lautamente pagate. Lo scriviamo solo perché così è. Ma tralasciamo di approfondire in questa sede.

A noi, non resta che la confusione.
È possibile difenderci? Naturalmente, sì.
In che modo?
Innanzitutto, accettando la confusione, che non è colpa nostra. Poi, ponendosi in modo critico nei confronti di ciò che si ascolta o si legge. Uscendo dalla passività ricettiva. Sono queste le basi dell'apprendimento partecipato attivo: ascoltare cento versioni delle cose e farsi una propria opinione.
Per capirci: chi qui scrive, nell'estate del 1969 non era sulla Luna a vedere di persona Neil Armstrong scendere dalla scaletta della Navicella Spaziale Apollo 11 e non lo sentì con le proprie orecchie pronunciare la storica frase "Un piccolo passo per me, ma un gigantesco passo per l'Umanità" quando posò il primo piede sul nostro satellite. Ero su di una comoda poltrona del salotto di casa mia, con la televisione accesa. E ascoltavo Tito Stagno

annunciare l'avvenuto allunaggio con 56 secondi d'anticipo, corretto da Ruggero Orlando che annunciava la stessa cosa con 10 secondi di ritardo: neppure quella volta lì, le versioni coincidevano (!).

Ma non credo sia stato indispensabile aver visto di persona con i miei occhi l'avvenimento, per ritenere che siamo andati sulla Luna.

Ritengo personalmente veritiero l'allunaggio del '69 semplicemente perché tutti gli elementi raccolti prima, nella fase della preparazione dell'evento e tutti gli elementi raccolti dopo, vanno in questa direzione. Tutto qua.

Non tutti gli scienziati riescono a tenere a bada le loro ideologie precostituite e l'obiettività ne risente.

Qualcuno tra chi legge crede nella neutralità della Scienza? Mi auguro di no, perché la Scienza non è neutrale, non lo è mai stata e non lo potrà mai essere.

Sono troppi i fattori esterni che incidono ed allora sono i personali punti di vista ad emergere: sta a noi destreggiarci e costruirci la nostra idea sulle letture dei fatti.

Quando, ad inizio pandemia Boris Johnson, primo ministro del Regno Unito fece propria la teoria di Sir Patrick Vallance, una delle due massime autorità mediche del Governo, abbracciando "l'immunità di gregge", prese uno sfondone cosmico, sul piano scientifico: "Con il 60% della popolazione infettata dal Virus, avremmo un'immunità di gregge".
Peccato che l'immunità di gregge funzioni quando si è in presenza di vaccinazioni di massa… (il vaccino è entrato in scena solo dopo nove mesi dalle dichiarazioni di Johnson).
E del prezzo dei morti, non se ne parlò.
Johnson dovette ricredersi ed abbandonò le tesi di Vallance quando risultò positivo al tampone lui stesso e cambiò decisamente strada.

Attualmente il Regno Unito utilizza il medesimo orientamento scientifico dei Paesi Europei e la loro situazione complessiva non è molto diversa dalla nostra.

In buona sostanza, più che imprecare contro le diverse posizioni della Scienza, converrebbe, a mio parere, conoscerle, ponderarle e scegliere la più convincente ed accreditata.

Il Ruolo della Politica

Qualcuno potrebbe storcere il naso nel leggere il titolo del presente paragrafo e, magari domandarsi: "Cosa c'entra la politica con la Pandemia?"
C'entra. E anche molto.

L'Italia è un Paese Democratico e qualunque scelta importante passa dal Parlamento. È il Parlamento a fare le Leggi. Ed una Pandemia, nella sua gestione, ha molto bisogno di leggi, soprattutto se giuste.
Essendo il nostro sistema democratico, ha una maggioranza al Governo ed una minoranza all'opposizione.

Quando Covid 19 si è affacciato da noi, la maggioranza era composta da: Movimento 5 Stelle, Partito Democratico, Liberi ed Uguali ed Italia Viva: un governo di centro-sinistra. Il centro destra era ed è all'opposizione.

A presiedere il Consiglio dei Ministri, Giuseppe Conte, firmatario di tutti i Decreti usciti durante la pandemia.

Nonostante gli innumerevoli reiterati appelli alla concordia del Presidente della Repubblica Sergio Mattarella, lo scontro tra le parti è sempre stato aspro. Soprattutto sulle restrizioni dei vari lockdown in termini di libertà di spostamento e sulle chiusure periodiche delle attività economiche.

Obbligare le persone a non uscire di casa, allo scopo di contenere i contagi, implica inevitabilmente incidere sulla libertà di movimento.

Ma anche l'obbligo d'indossare la mascherina su bocca e naso, incide sulla libertà delle persone: per esempio, sulla libertà di non indossarla.

Va da sé che gli obblighi sono contenuti nei vari Dpcm, di cui abbiamo parlato precedentemente e sono, quindi emanati dalla maggioranza e dal Governo.

E l'opposizione si è opposta, sino ad arrivare alla scena penosa del trasporto a braccia fuori dall'aula del

Parlamento da parte dei Commessi del Senatore Vittorio Sgarbi. Una scena decisamente penosa: necessaria quanto ridicola e penosa. Forse la Storia delle nostre Istituzioni meriterebbe qualcosa di più.

In un momento tanto drammatico come questo, sarebbe importante non cercare visibilità o protagonismo, ma manifestare il proprio dissenso in maniere e forme più adeguate.

Per non parlare poi delle vere e proprie risse fisiche all'interno delle aule parlamentari, con feriti medicati, alcuni dei quali pure ingessati.

Si arriva ad invocare la nostra Costituzione e la Carta Europea dei Diritti dell'Uomo, su questo tema della libertà di movimento. Ma, non a caso, alle prime avvisaglie di rischio pandemico è stato proclamato lo Stato d'Emergenza: mai prima d'ora dal dopoguerra avevamo dovuto fronteggiare una pandemia.

Che c'è d'incostituzionale se, in attesa di un vaccino (speriamo) efficace, non avevamo altro che delle mascherine, distanziamento fisico, igiene personale più accurata, allo scopo di contrastare il più possibile i contagi? Eppure, è stato evocato anche il Fascismo ed il Nazismo per la limitazione delle libertà individuali. Decisamente a sproposito.

Poi, il dibattito politico si è spostato tra salute ed economia: a chi dare la precedenza?

La domanda mi sembra stravagante: verrebbe da dire che la salute è il bene più importante della vita, però, nello stesso tempo, per vivere abbiamo tutti bisogno di sostentamento, altrimenti si muore di fame.

Quindi, i due aspetti vanno portati avanti in modo equilibrato, senza dare nessuna precedenza all'uno o all'altro.

La domanda, in buona sostanza, non ha alcun senso.

L'orientamento del Governo a me pare sia stato proprio questo dell'equilibrio tra le due attenzioni.

A rendere ancor più complessa la questione, è il famoso Articolo Quinto della nostra Costituzione: su alcune materie, come questo della salute, le Regioni hanno notevole autonomia e, quindi, hanno voluto far sentire la propria voce. Non sempre coincidente con la voce dello Stato. Anzi, quasi mai coincidente.

In linea di massima, le amministrazioni regionali governate dal centro sinistra, hanno eccepito poco o nulla su quanto deciso dal Governo (di centro sinistra); quelle amministrate dal centro destra hanno eccepito quasi sempre, per non dire sempre.

Se questa non è ideologia, ditemi voi che cosa è!

I possibili scenari futuri

Gli psicologi non sono in grado di prevedere il futuro. Bene che vada, qualche volta, riescono a ricostruire il passato e, nella migliore delle ipotesi, riescono a fare un minimo di chiarezza sul presente.
Però, con un po' di coraggio, come ci viene chiesto dal titolo del presente paragrafo, provano a fare delle ipotesi sul futuro.

Siccome tutte le ipotesi sono aperte e siccome non vogliamo escluderne nessuna, mi pare opportuno partire dalle più pessimistiche, per giungere, al termine del presente scritto, alle più ottimistiche, in modo da congedarci con gli incauti lettori con note belle da leggere e, soprattutto, da vivere.

Partiamo, quindi, dallo scenario peggiore: è iniziata la fine del mondo.

Come quando si sono estinti i dinosauri senza che nessuno li avvisasse, il primo scenario da affrontare è proprio questo: è iniziata l'estinzione del genere umano sulla Terra.

A questo maledetto Virus non riusciremo a mettere "il sale sulla coda", si replicherà in continuazione, impedirà di trovare vaccini efficaci e, con una sequenza temporale agghiacciante e persino difficile da descrive e scrivere, ci sotterrerà tutti quanti. Naturalmente, prima i Paesi del terzo e quarto mondo, meno in grado di difendersi e poi, i Paesi più industrializzati e ricchi, in grado di attenuarne le conseguenze nefaste per un certo periodo di tempo. Avremo avuto "l'onore" di essere vivi quando si è affacciato, di aver provato a debellarlo e, infine, di non esserci riusciti.

Nessuno parlerà o scriverà di noi, perché non ci sarà nessun essere umano dopo di noi.

Archivierei volentieri questo primo scenario e qui mi fermo.

Il secondo scenario è, ovviamente, meno tremendo del precedente e prevede una battaglia con molti morti, contro molti Virus, alcuni dei quali, replicazioni del Covid 19 ed altri del tutto nuovi ed attualmente sconosciuti.

Una battaglia difficile, complessa, estenuante, con un esito finale a nostro favore, ma con un prezzo di attraversamento lungo ed impegnativo da molti punti di vista: il numero di vittime, una crisi economico finanziaria importante ed una resistenza fatta di angoscia. Mentre scrivo l'angoscia credo pervada più o meno tutti, ma la stiamo sopportando perché pensiamo sia a breve in uscita e pensiamo di tornare a breve alle nostre abitudini. Se il secondo scenario qui descritto diventasse realtà, dovremo cercare di migliorare la nostra capacità di vita con un'angoscia protratta nel tempo. Dovremo curarci in molti le nostre ferite psicologiche profonde.

So non essere facile, ma non vedo alternative.

Terzo scenario: riusciamo a battere il Covid con i nostri vaccini e, piano piano progressivamente, riprendiamo le nostre abitudini, diciamo "normali": mettiamo nel cassetto guanti e mascherine, riprendiamo ad abbracciarci, invitiamo a cena chi ci pare, andiamo in vacanza al mare ed in montagna e tiriamo un sospiro di sollievo. Ma se non modificheremo il nostro stile di vita e continueremo ad insultare il nostro pianeta, a radere al suolo le foreste, a fregarcene del riscaldamento globale e conseguente scioglimento dei ghiacci e conseguente innalzamento del livello dei mari e a mangiare i pipistrelli, se questo maledetto virus è venuto fuori da qui, tornerà, magari con un nuovo nome, ma tornerà. Questa terza fase, potrebbe essere un'alternanza di periodi di guerra a periodi di pace.

Quante volte, durante questo "anno orribilis" ci siamo chiesti: "Avremo capito qualcosa? Saremo diversi, dopo? Eccetera eccetera ..."

Recentemente, uno dei miei miti musicali, Francesco Guccini, intervistato proprio su questo argomento, ha dichiarato: "Dopo il Corona Virus non saremo migliori. Gli uomini non imparano, dimenticano" (Modena, 8 agosto 2020)".

Spero tanto si sbagli, anche se non ne sono così sicuro.

Quarto ed ultimo meraviglioso scenario, augurandoci diventi realtà. Anzi: quello che diventerà realtà!

I nostri vaccini saranno efficaci e riusciranno a sconfiggere il Covid 19. Progressivamente si svuoteranno le Terapie Intensive dei nostri ospedali ed i lutti cesseranno.

Tireremo un sospiro di sollievo, come han fatto i nostri progenitori con la Peste e la vita riprenderà come prima.

Ci resterà un brutto ricordo e poco di più.

Inutile aggiungere altro, perché sarebbe superfluo.

E' chiaro, però, che le ferite dentro, rimarranno a lungo.

Speriamo ci aiutino a modificare i nostri stili di vita,

all'insegna del rispetto della natura e della nostra amata Terra.

Riuscissimo a smentire il buon Guccini sarebbe bellissimo.

Aggiornamento dell'ultim'ora

Due belle notizie arrivano mentre lo scritto sta per essere stampato e vogliamo condividerle con i lettori.

<u>La prima</u>: sono iniziate le vaccinazioni. Il Ministro della Salute Speranza (mai cognome fu più appropriato) ritiene possibile vaccinare tutti gli italiani che lo desiderino entro l'autunno 2021. Ed è pure gratuito.

<u>La seconda</u>: l'esperienza pilota di Cinisello, di cui abbiamo parlato nei precedenti paragrafi, si sta espandendo a macchia d'olio in diversi Ospedali della Penisola. Forse chi morirà di Covid, potrà avere il conforto di un parente a tenergli la mano.

L'autore

Roberto Sbrana, classe 1950, si appassiona alla Sociologia, laureandosi a Pisa nel '74.
Inizia a lavorare in qualità di Assistente del Prof. Silvano Burgalassi all'Università Cattolica di Milano ed al C.I.M. (Centro Igiene Mentale – Amministrazione Provinciale della Spezia) nato dall'applicazione della Legge Basaglia sull'abolizione dei Manicomi.
E' qui che si innamora dell'altra disciplina della sua vita, laureandosi quindi anche in Psicologia all'Università di Padova.
Nel 1980 nascono le U.S.L. e si trasferisce a Sarzana (Sp).
Negli stessi anni viene eletto nel Consiglio Comunale di Sarzana.

Quando viene promulgata la Legge 56 del 1989, istitutiva della professione di Psicologo e di Psicoterapeuta, viene eletto nel Primo Consiglio Regionale dell'Ordine degli Psicologi Liguri a Genova. Svolge attività sindacale in qualità di Segretario Provinciale dell'A.U.P.I., primo sindacato di categoria degli psicologi, firmatario del Contratto nazionale della Sanità.

Consulente del Ministero della Giustizia presso la Corte di Appello di Genova, in applicazione della Legge 354/75 (Ordinamento

Penitenziario) opera presso la Casa di Reclusione di Massa e la Casa Circondariale della Spezia. Lavora presso il S.E.R.T. di Sarzana (Servizio Tossicodipendenze ASL 5 Spezzino) e dà vita al primo Servizio Tossicodipendenze interno al Carcere della Spezia, di cui è Direttore Responsabile, sino al pensionamento, avvenuto nel maggio 2008.

Docente a contratto di Psicologia della Devianza e di Psicologia di Comunità, Organizzazione e Territorio presso l'Università degli Studi di Genova, attualmente è titolare del Laboratorio sul Ruolo dello Psicologo in Carcere presso la stessa facoltà.
Consulente Civile e Penale presso il Tribunale di La Spezia, esercita la Libera Professione come Psicoterapeuta ad Orientamento Psicodinamico.

Autore di diversi libri sulla marginalità come "Mettere in galera e buttare via le chiavi" (2014), "Mi chiamo Giuseppe, ma non sono il Santo" (2015), "I rei folli cambiano casa: dagli O.P.G. alle R.E.M.S." (2016), "Stranieri in carcere e proselitismo, una ricerca qualitativa" (2018), "Ricominciamo a parlare di droghe" (2018), "Professione Psicologo" (2019), "Quello che non ho, ma che potrei riavere" (2020).

Ha pubblicato inoltre un romanzo "Giacomo" (2019) e un racconto retrospettivo "Erano gli anni 60 e noi c'eravamo: gli H2 SO4" (2012).

Appassionato di Musica è stato fondatore del Gruppo "H2 SO4" come chitarrista e cantante.

Per contatti: robertosbrana2020@libero.it

www.ingramcontent.com/pod-product-compliance
Lightning Source LLC
Chambersburg PA
CBHW061509250726
48657CB00005B/1764